김병완의 결정책 시리즈 10부작 제8권

결정적 순간의 책읽기

인생의 결정적인 순간에 위기 대처
능력을 향상시켜 주는 책(冊) 읽기

김병완

플랫폼연구소

< 김병완의 결정책 시리즈 10부작 제8권 >

김병완의 결정적 순간의 책(冊) 읽기_8권
삶에 지쳤을 때 _ 삶의 의미와 가치를 발견하고 싶다면

인생의 결정적인 순간에 위기 대처 능력을 향상시켜 주는 책(冊) 읽기

" 나는 한 시간의 독서로 누그러들지 않는
어떤 슬픔도 알지 못한다."
- 몽테스키외 -

프롤로그_ 책은 인생을 밝혀주는 등불이다.

‘책을 잘 읽고 산다는 것은, 경이로운 세상에 눈을 뜨고 매일매일 세상과 나 자신의 잠재력에 대해 새로운 것들을 배우며 정신적으로 한 차원 높은 삶을 살아가는 것이다.’

<전략적 책읽기>의 저자 스티브 레빈의 이 말처럼 책을 잘 읽고 산다는 것은 자신의 한계를 훌쩍 뛰어넘어 한 차원 높은 삶을 살아가는 것이라고 말할 수 있다. 그런 점에서 책읽기는 기적을 창출해 내는 기적 그 자체이다.

책이 아니라면 우리는 과거에 살았던 수많은 현인의 지혜와 통찰력에 대해 알 수 없었을 것이고, 생각의 재료가 되는 지식을 축적하지도 못했을 것이며 생각의 계기가 되어 주는 역사와 이야기를 많이 접하지도 못했을 것이다.

부침이 많은 것이 바로 우리의 인생이다. 이러한 인생을 살아 나가다 보면 때로는 억장이 무너질 만큼 아프고 당황스럽고 어찌해야 할 바 몰라 발만 동동 구르면서도 아무것도 할 수도 없었고, 무엇을 어떻게 해야 하는지도 몰라서 더 힘들었던 시기를 경험하게 된다.

이 책은 바로 이러한 절체절명 위기의 순간 혹은 인생에 찾아오는 결정적인 순간에 꼭 읽어봐야만 하는 책들에 관한 이야기이다. 만약에 그 위기의 순간 혹은 결정적인 순간에 이 책을 읽었었더라면 좀 더 지혜롭고 의연하게 잘 대처해 나갔을 것이고, 그러한 조금의 차이는 긴 인생을 살면서 모이고 쌓여서 인생의 성공과 실패를 결정짓게 되는 중요한 차이가 되어 우리에게 보상해 줄 것이다.

그런 점에서 책을 읽으면서 살아가는 사람들과 책과 동떨어져서 살아가는 사람의 삶은 보이지 않는 큰 간격이 생길 수밖에 없는 것이다.

중요한 사실은 인류가 가진 부의 대부분을 소유하고 운용하고 있는 사람들은 후자가 아니라 전자들이며, 새로운 부를 창출해 내는 사람들도 또한 바로 그들이라는 점은 우리에게 책은 선택이 아니라 인생을 제대로 잘 살아가기 위해서는 꼭 필요한 필수 조건이라는 사실을 잘 보여주는 사례일 것이다.

위대한 발명가, 위대한 정치인, 위대한 대왕, 위대한 혁명가, 위대한 경영자, 위대한 방송인, 위대한 학자와 같은 위대한 인물 중에 책을 읽지 않은 인물들이 과연 있을까?

그렇다고 위대한 인물이 되기 위해서 책을 읽어야 한다고 말하는 것은 아니다.

이 책의 존재 목적은 버트런드 러셀이 한 말에 토대를 두고 있다.

“내게 좋은 책을 알려주는 사람이 있었다면, 이렇게 오랜 시간에 걸쳐 시행착오를 하지 않았을 텐데 ....”

바로 이것이다. 당신에게 그것도 결정적 순간에 당신이 오랜 시간에 걸쳐 시행착오를 하지 않을 수 있도록 좋은 책을 알려 주는 것이다. 이것이 바로 이 책의 목적이다. 그렇기 때문에 이 책은 처음부터 끝까지 순서대로 읽어야 하는 그런 책이 아니다. 자신의 인생이 현재 직면하고 있는 상황에 맞추어 필요한 부분을 읽어서 자신이 처한 결정적 순간에 읽었을 때 가장 유익하고 도움이 되는 그런 좋은 책에 대해 알게 해 주는 그런 책이다.

책이 책을 읽는다는 말이 있듯이, 이 책은 또 다른 책을 읽게 만드는 그런 책의 구실을 톡톡

하게 해 낼 것이라고 믿는다.

책을 읽는다는 것은 인간만이 누릴 수 있는 특권이며 사치 중 사치라고 할 수 있다. 당신은 이러한 사치와 특권을 누릴 자격이 있다. 과거 중세 시대에는 최고의 특권층만이 책에 접근할 수 있었다는 사실을 생각해 보면, 지금 이 시대에 살고 있는 것만으로도 우리는 행복한 사람임에 틀림없다.

‘좋은 책을 읽는 것은 지난 몇 세기에 걸쳐 가장 훌륭한 사람들과 대화하는 것과 같다.’ 라고 말한 데카르트는 책의 위력과 유익함을 너무나 잘 알고 있었던 현인 중 한 명이었다. 당신도 이제 지난 몇 세기에 걸쳐 가장 훌륭한 사람들과 더 많은 대화를 나누는 그런 기회를 지금까지보다 더 많이 가져 보기를 바란다.

책은 인류가 힘겹게 오랜 시간 걸어오면서 쌓아 올린 사색의 결정체이며 인생을 밝혀주는 등

불이다. 책은 궁지에 몰린 이에게는 새로운 돌파구를 발견할 수 있게 해 주는 돌파구이며, 어떤 시련과 역경도 헤쳐 나갈 수 있게 해 주는 원동력이다.

책은 비탄에 빠진 사람에게는 위안이 되며, 절망한 사람들에게는 용기가 되며, 방황하는 이들에게는 인생의 나침반이 되어 주며, 세상에 지친 이들에게는 오아시스가 되어 주며, 가난한 이들에게는 부자가 되는 길을 제시해 주고, 실패한 이들에게는 성공할 수 있는 길을 제시해 준다.

이런 이유와 근거를 토대로 필자는 장담할 수 있다.

" 이 세상에서 책을 읽는다는 것은 최고의 특권이며, 사치이며, 축복이다. "

목차

낙관적인 사람이 인생을 잘 살아 나갈 수 있다.

< 학습된 낙관주의 >

_ 마틴 셀리그만

우리를 성장시키는 것은 변화가 아니라 전환이다.

< How to Live, 갈림길에서 삶을 묻다 > _ 윌리엄 브리지스

에필로그 _ 책은 삶의 특권이며 최고의 사치이며 향락이다.

“ 신경 끄기야말로 세상을 구할 것이다. 그러기 위해선 세상이 엉망진창이라는 것과 그래도 괜찮다는 것을 받아들여야 한다. 왜냐면 세상은 여태 그래 왔고, 앞으로도 그럴 거니까”

– 마크 맨슨 –

제8장. 삶에 지쳤을 때 _ 삶의 의미와 가치를 발견하고 싶다면

“ 우리는 물질적인 풍요를 누리는 부자보다도 삶에 더욱 만족하며 성실하고 행복하게 살아가는 사람들을 주변에서 자주 보지 않는가? 그러나 융통성을 발휘하지 못한 채 하루 종일 일에만 파묻혀 사는 사람은 삶이 지루하다고 느낀다. 그들은 남보다 더 많은 시간을 일에 투자하며 노력하지만, 깊이 사고할 줄 모르기 때문에 결과적으로 얻는 것보다 잃는 것이 더 많다.”
< [여유], 서문에서 >

" 감사는 인간의 감성을 고양시키고 활력을 주며, 영감을 불어넣고 탈바꿈시킨다. 감사를 경험하고 표현하면서 사람들은 차츰 감동을 받고 마음을 열며 겸손해진다. 감사는 삶 자체를 선물로 포장하여 인생에 특별한 의미를 부여한다. 감사가 없다면 삶은 외롭고 우울하며 빈곤할 것이다."　< [Thanks! 마음을 여는 감사의 발견], 34쪽 >

어떤 운명이 닥쳐온다 해도
용기를 잃지말고 이루고 추구하며
일을 통해 기다리는 것을 배우자"
– 헨리 롱펠로우 –

일상의 여유가 인생을 결정한다.

< 여유 >

_ 쑤추윈리

“ 우리는 물질적인 풍요를 누리는 부자보다도 삶에 더욱 만족하며 성실하고 행복하게 살아가는 사람들을 주변에서 자주 보지 않는가? 그러나 융통성을 발휘하지 못한 채 하루 종일 일에만 파묻혀 사는 사람은 삶이 지루하다고 느낀다. 그들은 남보다 더 많은 시간을 일에 투자하며 노력하지만, 깊이 사고할 줄 모르기 때문에 결과적으로 얻는 것보다 잃는 것이 더 많다.”

< 서문에서 >

이 책의 저자는 인생을 살아가면서 어려움에 부딪히고 삶에 지쳤을 때 좌절하고 절망하기보다는 의연하게 순응해 해결책을 모색하는 것이 바로 지혜이므로 지혜로운 삶을 살아갈 수 있게 해 주어 우리 인생에 광채를 더해 주고자 이 책을 썼다고 한다.

다채롭고 부침이 심한 우리 인생에는 크고 작은 문제와 시련이 있기 마련이다. 또한 돈이 많고 지위가 높다고 반드시 행복하게 즐겁게 살아갈 수 있는 것은 아니다.

오히려 돈이 적고 지위가 낮다고 해도 행복하고 즐겁게 살아가는 사람들이 적지 않다. 결국 행복하게 살아가는 이와 그렇지 못한 이를 가르는 것은 삶의 지혜라고 할 수 있다.

이 책의 저자는 삶의 지혜란 시련과 역경, 수많은 어려움 속에서도 좌절하고 절망하기 보다는 의연하게 순응하면서 해결책을 모색하며, 문제를 해결하려고 깊은 사고를 할 줄 아는 것이라고 말한다.

이 책에서 제시하는 많은 지혜 중 하나는 휴식이다. 특히 많은 일을 해야 하는 현대인들에게 가장 필요한 지혜가 바로 이것이 아닐까? 생각한다.

강철을 옮기는 노동자들은 하루에 12.5톤 정도의 강철을 화물트럭에 옮기는 것이 하루 일이다. 그런데 보통 노동자들은 하루에 12.5톤 정도의 강철을 옮기고 나면 매우 힘들어했다. 그래서 힘이 적게 들면서도 하루 할당량을 해 낼 수 있는 방법을 생각해 내었는데 그것이 바로 휴식이었다.

한 시간을 기준으로 26분 동안 일을 하고, 나머지 34분 동안은 휴식을 취하도록 했다. 얼핏 보면 쉬는 시간이 일하는 시간보다 길기 때문에 비효율적이라고 생각할 수 있다. 하지만 결과는 놀라웠다. 제대로 쉬지 못하고 일할 때보다 무려 네 배나 큰 효과를 보았기 때문이다.

삶의 지혜는 이처럼 거창하고 위대한 것이 아니다. 일상에서 작고 소소한 것임에도 우리의 삶이 훨씬 더 편하고, 쉽고, 즐겁고, 유쾌하고, 활기차고, 신나게 할 수 있다는 사실은 참 된 지혜는 작은 것 속에 있음을 우리는 발견할 수 있는 것이다. 우리 인생은 결국 작은 삶의 부분들로 이루어진다.

똑같은 일을 하면서 살아가는 두 사람이 있다고 했을 때, 한 시간마다 휴식을 취하며 몸과 마음에 에너지를 재충전하는 사람과 그렇지 않고 그저 일만 열심히 하면서 몸과 마음을 혹사시키는 사람 중에 누가 더 지혜로운 사람일까? 당연히 전자인 것이다.

이 책의 저자가 이 책을 통해 우리들에게 제시해 주는 삶의 지혜들은 이처럼 거창한 것들이 아니다. 하지만 실천하고 꾸준히 행동으로 보여 줄 때 우리의 삶은 조금씩 나아지고 향상된다. 이 책의 저자가 제시하는 또 다른 삶의 지혜는 부드러움과 겸손이다.

“사람들은 강자에 맞서지만 약자를 보면 도와주려고 한다. 이는 약자를 보는 순간 자신이 강자가 된 듯 스스로 허영심이 만족되기 때문이다. 할 수만 있다면 우리는 상황을 역으로 이용하여 강한 상대를 부드러움으로 꺾는 지혜를 발휘해야 한다. 당신이 약자의 입장에 있을수록 상대는 당신을 도와주고 싶은 마음이 들 것이다. 강한 적수일수록 상대의 마음을 읽어 상대가 무엇을 원하는지 알아채야 하며, 새로운 각도에서 접근해야 한다.” < 159쪽 >

노자는 [도덕경]에서 ‘부드러운 것이 강함을 이긴다.’고 말한 적이 있는 것처럼, 부드러운 처세는 강함을 뽐내는 처세와 태도보다 훨씬 더 많은 것을 얻을 수 있다. 이와 함께 겸손한 사람은 어디에 가도 사람들에게 배척을 당하지 않는다.

친구를 얻고 싶다면 상대가 당신보다 더 뛰어나다는 사실을 인식시켜 주면 된다. 반대로 사방에 적을 만들고 싶다면 이와 반대로 하면 된다. 즉 당신이 상대방보다 얼마나 잘나고 뛰어난지를 드러내기만 하면 되는 것이다.

공자는 아랫사람에게 조언을 구하는 일을 부끄러워하지 말아야 한다고 말한 적이 있다.

직장에서 특히 윗사람에게 조언을 구하는 것은 자신을 낮추고 상사를 선배로서 존중해 준다는 인상을 남길 수 있다. 뿐만 아니라 겸손한 사람들은 항상 자신을 낮추고, 자신보다 타인을 더 낫게 여기기 때문에 타인의 말에 경청한다. 그 결과 좋은 정보와 함께 항상 배우며 성장할 수 있게 된다. 이것이 겸손한 사람의 가장 큰 유익이라고 할 수 있다.

겸손하지 못한 사람들은 자신이 최고라고 생각하기에 타인의 조언이나 충고를 무시해 버리고 그 결과 성장과 배움이 없게 되어 발전이 없는 인간이 될 뿐만 아니라 타인들에게도 좋지 않은 오만한 인상만을 남기게 된다.

성공은 자신의 능력 보다 타인의 평가에 의해서 좌우되는 경우가 훨씬 더 많다. 그렇기 때문에 겸손한 자세는 자신에게도 유익이며, 타인에게도 좋은 인상을 줄 수 있어서 타인의 도움을 받을 수 있기 때문에 유익인 것이다. 그래서 이 책의 저자는 이러한 사실에 대해 성공은 부드러운 껍데기로 싸여 있는 것이라고 말을 한다.

일상의 여유는 우리에게 관찰력을 제공해 주고, 기회를 잡을 수 있도록 통찰력을 제공해 준다. 뿐만 아니라 일상의 여유를 스스로 만들고 그것을 누리는 사람들은 여유 속에서 창의성이 향상되며 삶의 활력을 만끽할 수 있게 된다. 당연히 이런 사람들은 스트레스가 적을 뿐만 아니라 행복한 일상을 보낸다.

행복한 사람들이 그렇지 못한 사람들보다 훨씬 더 성공할 확률이 높다. 그런 점에서 일상의 여유가 인생을 결정짓는다고 할 수 있다.

당신이 삶에 지쳤다면 그래서 아무것도 하기

가 싫고 무기력하고 무미건조한 삶에 싫증이 났다면 당신에게 가장 필요한 것은 바로 '일상의 여유'일 것이다.

“ 당신이 가진 축복들을 헤아려 보라.
그리고 그것들을 가지지 못했을 때 당신이 얼마
나 갈망했는가를 생각하면서 감사히 여겨라.”

– 아우렐리우스 –

지금 감사하라. 당신은 이미 많은 것을 가졌다.
< Thanks! 마음을 여는 감사의 발견 >
_ 로버트 A. 이먼스

" 인생에서 확실한 것은 죽음과 세금뿐이라는 말이 있다. 그 뒤를 바짝 잇는 항목이 있다면 사람은 반드시 빚을 진다는 사실이다. 우리는 누구나 빚을 지고 산다. 돈을 빌렸다는 것이 아니라(물론 많은 사람들이 돈도 빌린 상태이지만) 이제까지 살아오면서 우리를 도와 준 모든 사람들에게 감정적이고 개인적인 빚이 있다는 뜻이다. 사람은 요람에서 무덤까지 자신을 지금의 모습으로 만들어준 사람들, 그리고 현재 자신이 의지하고 있는 무수한 사람들에게 빚을 지고 산다. 그러나 감사의 빚은 다른 빚들과는 다르다. 왜냐하면 감사는 즐거운 빚이며 기쁜 부채이기 때문이다." < 서문에서 >

삶에 지친 당신에게 감사에 대한 책을 추천하는 이유는 삶에 지쳤음에도 당신은 이미 많은 것을 가진 사람임에 틀림없기 때문이며, 더 중요한 이유는 당신이 삶에 지친 원인 중에 하나는 당신이 삶에 대해 감사를 쉬지 않고 하지 않았기 때문이다. 물론 쉬지 않고 감사를 하는 것은 그렇게 쉬운 것은 아니다. 하지만 가장 큰 문제는 감사를 하는 사람은 늘 항상 감사하며 지내고, 감사를 하지 않는 사람은 늘 항상 감사하지 않고 지내는 경향이 크다는 것이다.

이 책은 삶에 지쳐서 감사를 잊어버린 당신에게 다시 감사할 수 있도록 조력해 주는 책일 것이다. 이 책의 저자는 우리에게 감사는 인식하고 인정하는 것에서 비롯된다고 말한다. 또한 감사는 우리가 인식하는 좋은 것들 중에 일부가 밖에서 온 것임을 깨닫는 것이라고 한다. 감사는 내가 아닌 다른 사람을 향한 감정이라고 한다. 또한 감사는 겸손을 수반한다고 한다. 다른 사람의 도움 없이는 지금의 나도 없었을 것이라는 사실에 대한 인식이다.

이처럼 감사는 인식과 인정이라는 개념을 토대로 하여 비롯되기 때문에 우리의 노력이 감사를 하기 위해서는 필요하다는 사실을 우리는 알 수 있다. 다시 말해, 감사는 의식적으로 깊이 사고하지 않고는 느낄 수 없는 그런 것이다. 이러한 사실은 '감사하다'의 말인 thank와 '생각하다'라는 뜻인 think가 같은 어원에서 유래되었다는 사실을 통해서도 확신할 수 있다. 저명한 실존주의 철학자인 마르틴 하이데거는 '생각한다는 것은 감사한다는 것'이라고 말하기도 했다.

삶에 지친 우리들이 감사에 주목해야 하는 이유는 무엇일까? 그것은 우리보다 더 최악의 순간에도 감사를 하는 사람들은 그렇지 못한 사람들보다 훨씬 더 행복하며, 삶의 좋은 측면을 발견해 낼 수 있기 때문이다. 우리가 삶에 지쳐서 모든 것이 싫어질 때, 삶의 좋은 측면을 발견해 내고, 좀 더 행복해 질 수 있는 유일한 도구는 감사하는 것이다.

" 감사 연구의 일환으로 끔찍한 고통이나 상실을 겪은 사람, 이를테면 9.11 사태나 2005년 여름, 미국 남부를 덮친 허리케인 카트리나 같은 대참극을 겪은 사람들과 인터뷰를 한 적이 있다. 참혹한 역경 속에서도 사람은 자신이 받은 혜택에 대해 감사하는 것이 가능하다. 그리고 더욱 놀라운 사실은 그토록 괴로운 상황 속에서 감사를 경험한 사람들은 고통을 겪지 않은 사람들보다 더 행복하다고 말하며, 부정적인 감정이나 결과에 대해서도 절망하지 않는다는 것이다.

시련의 시기에 갖는 감사의 마음은 단순히 '긍정적 사고' 또는 '행복의 기술' 이라기보다는 '삶의 최악의 순간에도 좋은 측면을 발

견할 수 있다' 는 사실에 대한 심오한 인식을 끌어낼 수 있다. " < 29쪽 >

이 책의 저자는 감사의 효과에 대해 다음과 같이 말하고 있다. 감사에는 삶을 보다 풍요롭게 만드는 신비한 힘이 있다고 말한다. 지금까지 연구 결과에 따르면 규칙적으로 감사하는 마음을 가지는 사람들은 감정적, 신체적인 면뿐만 아니라 인간관계의 측면에 있어서도 큰 이익을 얻게 된다고 한다. 가령 규칙적으로 감사 일기는 쓰는 사람들은 좀 더 규칙적으로 운동을 하며, 병에도 잘 걸리지 않고, 삶에 대해 전반적으로 긍정적일 뿐 아니라 자신의 미래에 대해서도 낙관적이라고 말한다.

" 감사는 인간의 감성을 고양시키고 활력을 주며, 영감을 불어넣고 탈바꿈시킨다. 감사를 경험하고 표현하면서 사람들은 차츰 감동을 받고 마음을 열며 겸손해진다. 감사는 삶 자체를 선물로 포장하여 인생에 특별한 의미를 부여한다. 감사가 없다면 삶은 외롭고 우울하며 빈곤

할 것이다." < 34쪽 >

이 책의 저자는 한 마디로 행복의 열쇠는 감사라고 한다. 감사를 하면 훨씬 더 행복한 삶을 열어 펼칠 수가 있게 된다는 것이다. 그렇게 행복한 삶을 살게 되면 행복의 이익들인 더 높은 소득, 더 나은 업무 성과, 더 큰 사회적 보상(더 만족스럽고 오래 지속되는 결혼생활, 더 많은 친구, 더 강력한 사회적지지, 더 풍부한 인간관계 등), 더 왕성한 활동, 활력, 더 나은 건강(예를 들어 더 강한 면역체계, 더 낮은 스트레스, 더 적은 통증, 그리고 장수) 등을 누릴 수 있게 된다. 그 결과 더욱더 많은 감사가 나오게 된다.

이 책의 저자는 담배를 피우면 우리의 수명이 6년 정도 줄어들 수 있지만 반대로 행복하게 살면 수명이 9년까지 늘어날 수 있다고 말한다. 또한 연구 결과 행복한 학교생활을 한 학생들이 그렇지 않은 학생들보다 16년 후에 연평균 2만 5천 달러가 높은 수입을 올린다는 것이다.

감사하는 사람들은 행복해지고, 행복한 사람들은 이렇게 안락하게, 풍요롭게 사는 것에 그치지 않는다고 한다. 여러 연구 결과 행복한 사람들은 그렇지 못한 사람들보다 더 창의적이고 적극적이고 남을 도우며 자비를 베푼다고 한다. 뿐만 아니라 그들은 자신감이 넘치고 자제력도 강하고, 위기 대처 능력도 뛰어나다는 것이다.

결정적으로 행복한 사람들이 더 큰 성공을 거두며, 더 많은 것을 이룬다고 한다. 바로 이것이 우리가 행복하게 살아야 하는 이유이다. 그리고 이것은 또한 우리가 감사 하며 살아야 하는 이유가 된다.

" 행복한 사람은 대체로 박애주의적 행동을 하며 창의력을 발휘하고, 업무 성과도 뛰어나며 건강하고 사회적 관계도 좋다. 따라서 사람들을 지속적으로 행복하게 만들어주는 것은 매우 바람직하고 중요한 일이며, 일상의 조그마한 기쁨을 음미할 수 있는 능력은 인간으로서 바람직한 특성이다." < 35 ~ 36쪽 >

그렇다면 감사하는 태도는 노력에 의해 길러질 수 있는 것일까? 감사는 선택할 수 있는 것일까? 이러한 질문에 대해 이 책의 저자는 긍정적인 방향으로 감사하는 태도는 길러질 수 있다고 결론을 지었다.

이 책은 감사를 통해 우리가 삶에서 지치지 않고, 오히려 행복하고 건강하게 살아갈 수 있는 방법을 제시해 주며, 왜 우리가 감사하는 태도를 길러야 하는 지에 대해 잘 말해 준다. 우리의 삶에 활력과 행복과 건강이 넘치게 하는 가장 좋은 방법은 감사하는 태도를 기르는 것이다. 이 책을 통해 감사를 발견하게 된다면 더 이상 지친 삶을 살지 않게 될 것이다.

“ 우리의 유일한 한계는 스스로가 마음속에 정해놓은 것뿐이다.”

– 나폴레온 힐 –

하늘은 스스로 돕는 자를 돕는다.

< 자조론 >

_ 새무얼 스마일즈

" '하늘은 스스로 돕는 자를 돕는다.' 이 격언은 이미 검증을 충분히 거친 진리다. 이 작은 인생 나침반에는 무수히 많은 사람의 체험이 담겨 있다. '자조' 정신은 개개인에게 진정한 성장의 원동력이 된다. 더 나아가, 많은 사람이 자조 정신을 실천하면 그것이 곧 국력의 원천이 된다. 외부로부터 도움을 받으면 나약해지기 마련이지만, 내면으로부터의 도움은 언제나 활력을 불어넣는다. 어떤 사람, 어떤 계층이든 남에게 의지하면 스스로 노력하려는 동기와 필요성을 잃어버린다. 지도나 통치를 지나치게 받으면 무력해질밖에 없는 것이다.” < 29쪽 >

평생 살아가다 보면 때로는 삶에 지칠 때가 있을 수 있다. 하지만 우리가 명심해야 하는 한 가지 사실은 존재한다. ‘하늘은 스스로 돕는 자를 돕는다.’ 는 진리이다. 성경에도 ‘구하는 자가 얻을 것이고, 찾는 자가 찾게 될 것이고, 두드리는 자가 문을 열게 된다.’ 고 말했다. 인생은 결국 스스로 만들어가야 하는 것이다.

이 책의 저자는 19세기 중반 영국의 의사 출신이며 문필가이기도 하다. 그는 이 책을 통해 그리스 로마시대부터 근세에 이르기까지 100명이 넘는 위인들의 생애와 업적을 근거로 하여 개인의 인생은 출신 배경이나 사회 제도에 좌우되는 것이 아니라 자기 자신을 스스로 도우려는 정신, 즉 자조 self-help 정신에 달려 있다는 점을 역설한다.

자조 정신의 토대가 되는 정신은 바로 성실과 근면이다. 성실과 근면한 생활 없이 영예로운 대우를 받고자 한다면 그것은 자신을 기만하는 것이라고 이 책의 저자는 말한다. 깨어 일어나 정신을 차리고 꾸준히 노력하는 것만이 행운의 여신을 불러들이고 성공할 수 있는 길이라고 말이다.

세상 사람들은 흔히 행운의 여신은 눈이 멀었다고 불평하지만, 인간만큼 눈이 멀지는 않았다고 이 책의 저자는 말한다. 우리의 실생활을 자세히 살펴보면 거친 바람과 파도가 유능한 항해사를 만들듯 행운의 여신은 언제나 성실하고 근면한 사람 곁에 서 있다는 사실을 발견할 수 있다는 것이다.

" 나는 그럼 모습을 보고 전혀 놀라지 않았다. 더위, 추위, 배고픔, 목마름, 그리고 어떠한 불편도 이겨낼 수 있는 힘을 기르지 않고서는 어떤 분야에서든 뛰어난 업적을 남길 수 없기 때문이다. 안락한 생활을 누리고 온갖 쾌락을 즐

기고도 영예로운 대우를 받고자 한다면, 그것은 자기 자신을 속이는 일이다. 탁월한 기량과 명성은 편안하게 자는 동안 저절로 쌓이는 것이 아니라, 깨어 일어나 정신을 바짝 차리고 꾸준히 노력해야 얻을 수 있는 것이다.” < 23쪽 >

우리의 행복과 성공은 결국 우리 자신에게 달려 있다. 끊임없이 노력하지 않으면서 행복과 성공, 영예를 원하는 것은 욕심에 불과하다. 설사 부유한 가정에서 태어났다하더라도 향락을 멀리하고 근면하게 생활하며 능동적인 역할을 하는 사람은 더 나은 삶을 살아 갈 수 있다. 하지만 인간은 본래 부유할수록 안락과 자기 탐닉에 빠지기 쉽다. 그래서 가난은 불행이라고 할 수 만은 없는 것이다. 오히려 적극적으로 자조의 노력을 함으로써 가난을 축복으로 바꿀 수도 있고, 세상을 변화시킬 수 있는 사람으로 성장할 수도 있기 때문이다.

하늘이 스스로 돕는 자들은 어느 한 가지 분야

에 국한되어 있지 않다. 심지어 예술 분야에서도 마찬가지이다. 우리는 천재 화가라면 천부적인 재능을 가지고 태어난 것으로 생각할 수 있다. 하지만 위대한 천재 화가일수록 남들이 알지 못 하는 자조 정신으로 똘똘 뭉쳐서 남들이 평생 해야 할 수 있을 만큼의 엄청난 양의 연습량을 몇 년 사이에 끝내 버릴 정도로 성실하고 근면한 사람들이라는 사실을 우리는 알아야 한다.

이러한 사실에 대해 이 책의 저자도 이렇게 말한다.

“ 다른 분야와 마찬가지로 예술계에서도 분골쇄신의 노력이 없이는 성공할 수 없다. 명화나 빼어난 조각상은 결코 우연히 만들어지는 것이 아니다. 물론 천재성도 있어야겠지만 미술가가 능숙한 솜씨로 붓이나 조각칼을 쉴 새 없이 움직여야만 만들어지는 노력의 산물이다. 초상화가 조슈아 레이놀즈는 근면의 힘을 굳게 믿었다. ” 탁월한 예술적 재능을 천재성, 심미안, 하늘이 내린 선물 또는 그 무엇으로 표현하든 이는 근면의 힘으로 얻을 수 있다. “ 그는 배리에게 이런 편지를 보냈다. ” 그림이든 다른 예술이든 남보다 뛰어난 작품을 만들겠다고 결심한 사람은 아침에 일어나서 저녁에 잠자리에 들 때까지 온 정신을 한 가지 대상에 집중해야 한다. “ ” < 225 ~ 226쪽 >

피카소가 천재 화가로 도약할 수 있었던 것은 하루에 한 장의 그림을 매일 그려 낼 정도로 성실과 근면했다는 사실을 우리는 알아야 한다. 그래서 예술도 근면해야 성공할 수 있는 것이다.

이 책의 저자는 근면과 성실, 자조는 모두 습관의 일종이라고 말한다. 그리고 습관은 무엇보다 중요한 제2의 천성이므로 젊은 시절에 고결한 습관을 훈련하는 것이 매우 중요하다고 조언한다. 재미있는 사실은 행복도 습관이 될 수 있다고 이 책의 저자는 말한다는 것이다.

“ 행복도 습관이 될 수 있다. 사물의 밝은 면을 보는 습관이 있고, 어두운 면만 보는 습관도 있다. 존슨 박사는 사물의 가장 좋은 면을 보는 습관은 1년에 1,000파운드를 벌어들이는 것보다 더 가치가 있다고 말했다. 우리는 상당히 큰 의지력을 가지고 있다. 이 의지력으로 행복과 향상을 거둘 수 있는 쪽으로 생각을 집중할 수 있다. 이렇게 행복하게 생각하는 습관이 또 다른 습관처럼 생길 수가 있다. 온화한 성격, 차분한 성격, 행복한 마음가짐을 가지는 것이 지식이나 소양을 많이 쌓는 것보다 더욱 중요한 경우가 많다.” < 557쪽 >

우리가 삶에 지치는 것도 역시 습관이 될 수 있다고 필자는 생각한다. 같은 행동을 한 번 두 번 되풀이하다 보면 금방 그러한 행동에 익숙해지게 된다. 처음에는 습관이 거미줄처럼 약하게 보이지만 일단 습관을 들이면 쇠사슬처럼 단단해지고 우리의 삶을 구속하는 숙명이 되어 버리는 것이다. 우리가 한 번 두 번 삶에 지치는 행동을 하다 보면 어느 순간 습관처럼 쉽게 삶에 지쳐 버리는 자신을 발견하게 되는 것은 그렇게 어렵지 않다. 그러므로 이 책을 통해 스스로 그러한 삶의 자세에서 벗어나기 위해 노력해야 한다. 스스로 도울 때 하늘도 도와준다.

우리는 삶에 지치기보다 삶에 활력과 에너지를 불어넣어 주는 그러한 습관을 또한 형성할 수 있다. 그러므로 이 책을 통해 그러한 습관을 형성해 보는 것은 어떨까?

삶을 변화시키려면 지금 당장 시작하라. 이유나 변명을 달지 말고 정열적으로 삶을 살아라.

– 윌리엄 제임스 –

낙관적인 사람이 인생을 잘 살아 나갈 수 있다.

< 학습된 낙관주의 >

_ 마틴 셀리그만

“ 이들은 서로 다른 눈으로 세상을 바라보고 있다. 남편은 뭔가 안 좋은 일이 생기기만 하면 최악의 경우를 상상한다. 예를 들어 세무조사를 받게 되면 파산하거나 감옥에 갈 것을 연상하고, 아내와 말다툼을 하면 이혼을 생각하며, 사장이 눈살만 찌푸려도 해고로 이어지는 것은 아닐지 노심초사한다. 쉽사리 우울해지고 한동안 매사를 귀찮아하며 그 때문에 건강까지 영향을 받는다. 그와 반대로 아내는 나쁜 일이 닥쳐도 부정적인 쪽으로는 거의 생각하지 않는다. 나쁜 일은 그저 일시적인 현상일 뿐, 모든 일은 이겨 낼 수 있고, 극복해나갈 수 있다고 생각한다. 뜻밖의 일을 당해도 금세 털어버리고 곧 원기를 회복하는 그녀는 건강 상태도 매우 좋다.” < 17쪽 >

‘긍정 심리학’ 을 창시한 이 책의 저자는 이 책을 통해 자신의 최고 분야인 ‘학습된 무기력’ 과 ‘학습된 낙관주의’ 에 대해서 이야기 한다. 이 책의 주된 핵심 내용은 낙관적인 사람이 직장에서도 성공하며, 학교에서 성적도 좋으며, 운동 경기에서도 승리하며, 수명도 더 길다는 사실이다.

25년 동안 낙관주의자와 비관주의자를 연구해 온 이 책의 저자는 비관주의자들은 나쁜 일들이 오랫동안 계속될 것이라고 믿고 있으며 나쁜 일들이 그들이 하고 있는 모든 일을 위태롭게 할 것이라고 생각한다. 뿐만 아니라 여기서 더 나아가 이런 것들을 모두 자기 탓으로 돌려버리는 경향이 있다. 반면에 낙관주의자는 세상을 살면서 똑같이 힘들고 어려운 일을 겪어도 비관주의자와는 정반대로 생각한다.

가장 유익한 낙관주의자의 태도 중에 하나는 실패를 한다해도 그것을 그저 일시적인 후퇴로 여기며 그 원인도 이번에만 국한된 것으로 본다는 사실이다.

실패의 원인 또한 자기 자신이 아니라 운이 나빴기 때문이거나 주변 여건이 이번에는 좋지 못했기 때문이라고 생각하기 때문에 무엇보다도 실패에 그렇게 주눅이 들지 않는다는 것이다. 그들의 최고의 태도는 안 좋은 상황에 처하게 되면 이것들로 인해 당황하는 것보다 오히려 도전이라고 여기며 더 열심히 노력해 나가는 태도이다.

무엇보다도 낙관주의자와 비관주의자의 차이를 만드는 것은 세상을 바라보는 관점과 일의 원인을 해석하는 사고방식의 차이라고 말할 수 있다. 많은 연구를 통해 볼 때 비관주의자가 더 쉽게 포기하고 더 자주 우울해진다는 사실을 알 수 있다고 한다. 동시에 낙관주의자는 학교에서든 직장에서든 심지어 놀이터에서 놀이를 하든 훨씬 뛰어나다는 사실을 알 수 있다.

재미있는 사실은 공직 선거에 출마할 경우에도 비관주의자보다 낙관주의자가 선출될 확률이 더 높다는 사실이다. 또한 낙관주의자는 나이가 들면서 겪게 되는 신체적 질병도 훨씬 덜 겪는다.

이 책의 저자는 오랜 연구를 통해 낙관주의의 학습은 단순히 긍정적 사고의 힘을 강화시키는 것이 아니라고 말한다. 수년간의 연구 결과 긍정적인 주문을 외워봐야 별 효과가 없음을 발견했기 때문이라고 한다.

오히려 실패를 경험할 때 부정적이지 않은 사고방식과 파괴적인 말들을 하지 않는 것이 낙관주의의 핵심 기술이라고 말한다. 그런 점에서 중요한 두 개념이 학습된 무기력과 언어습관이라고 할 수 있다.

" 학습된 무기력이란 포기반응, 어떻게 해도 안 된다는 생각에 단념하는 반응이다. 언어습관이란 왜 이러저러한 일들이 일어났는지 스스로에게 설명하는 습관적인 방식이다. 이것은 학습된 무기력을 크게 좌우하는 역할을 한다. 낙관적인 언어습관은 무기력을 없애고 비관적인 언어습관은 무기력을 퍼뜨린다. 일상 속에서 실패나 중대한 패배에 직면할 때, 과연 얼마나 무기력에 빠져들지 또는 다시 기운을 차릴지는 본인 스스로가 사태를 설명하는 방식에 달렸다. 언어습관이란 '마음속 세상'을 비추는 거울과도 같은 것이다." < 35쪽 >

이 책의 저자는 오랜 세월 동안의 연구와 그가 가진 세계적인 권위에 걸맞게 비관주의와 우울증, 우울증에서 벗어나는 법, 학습된 무기력, 자녀의 낙관주의 훈련, 유연한 낙관주의의 실천,

낙관주의와 삶 등에 대한 주제에 대해 폭넓고 깊이 있는 지식과 정보를 이 책을 통해 우리들에게 제시해 주고 있다. 바로 이런 점이 이 책의 가장 큰 매력이다.

이 책의 저자는 무엇보다 학습된 낙관주의자가 되기 위해서는 사고방식과 언어 습관이 가장 중요하다고 우리에게 조언해 준다.

" 언어습관은 성인의 삶에 광범위한 영향을 미친다. 언어습관에 따라 우리는 일상적인 좌절에 대한 반응으로 우울해질 수도 있고 반대로 비극적 상황에서조차 기운을 잃지 않을 수도 있다.

언어습관에 따라 삶의 기쁨에 무감각해질 수도 있고 반대로 충만한 삶을 살 수도 있다. 언어습관에 따라 목표 달성에 대한 장애가 생길 수도 있고 반대로 목표를 초과 달성할 수도 있다. 그 밖에도 한 개인의 언어습관은 다른 사람들이 그 개인을 지각하는 방식에도 영향을 미친다. 그래서 다른 사람들은 그 사람과 대립할 수도 있고 협조할 수도 있다. 나아가 언어습관은 신체 건강에도 영향을 미친다." < 201쪽 >

이 책을 통해 알게 되는 놀라운 사실은 똑같은 세상을 살아가고 있는 두 사람이 서로 다른 방식으로 세계를 바라보고, 서로 다른 언어를 사용하고 있다는 사실일 것이다.

한 명은 동전의 한 쪽만을 보고, 다른 한 사람은 동전의 또 다른 한쪽만을 보면서 살아간다는 것이다. 어느 쪽을 선택할 것인가는 오롯이 자신의 선택의 문제이지만 그 결과는 전혀 달라질 수 있다는 사실도 우리를 놀라게 하는 것은 마찬가지이다.

" 이들은 서로 다른 눈으로 세상을 바라보고 있다. 남편은 뭔가 안 좋은 일이 생기기만 하면 최악의 경우를 상상한다. 예를 들어 세무조사를 받게 되면 파산하거나 감옥에 갈 것을 연상하고, 아내와 말다툼을 하면 이혼을 생각하며, 사장이 눈살만 찌푸려도 해고로 이어지는 것은 아닐지 노심초사한다. 쉽사리 우울해지고 한동안 매사를 귀찮아하며 그 때문에 건강까지 영향을 받는다. 그와 반대로 아내는 나쁜 일이 닥쳐도 부정적인 쪽으로는 거의 생각하지 않는다. 나쁜 일은 그저 일시적인 현상일 뿐, 모든 일은 이겨낼 수 있고, 극복해나갈 수 있다고 생각한다. 뜻밖의 일을 당해도 금세 털어버리고 곧 원기를 회복하는 그녀는 건강 상태도 매우 좋다." < 17쪽 >

당신이 삶에 지쳤다면 과연 낙관주의자일 확률이 더 높을까? 아니면 그 반대일까? 이 책을 통해 자신의 상태를 한 번 되돌아보는 것을 어떨까? 우리가 낙관주의자가 된다면 그것은 분명하게 우리에게 좋은 것이다. 뿐만 아니라 낙관주의는 주위 사람들까지도 즐겁게 만든다.

당신이 겪는, 당신으로 하여금 삶에 지치게 만든 일과 사람들을 똑같이 다른 사람들도 겪지만 그들은 지치기는커녕 오히려 더 활기찬 삶을 살아가고 있다면 우리는 우리 자신에 대해 생각해 볼 시간과 여유와 휴식이 필요한 것이다. 이 책이 그런 당신에게 좋은 길잡이가 되어 줄 것이다.

어느 누구도 과거로 돌아가서 새롭게 시작할 순 없지만, 지금부터 시작해 새로운 결말을 맺을 순 있다."

-- 카를 바르트

우리를 성장시키는 것은 변화가 아니라 전환이다.

< How to Live, 갈림길에서 삶을 묻다>

_ 윌리엄 브리지스

" 전환이란 원래 있었던 일들을 진전시키고 그 결과를 경험하는 일을 의미한다. 무엇인가를 놓아버리고 다시 잡게 되는 그 중간에 이전의 방식도, 그리고 새로운 방식도 통하지 않는 창조의 '중간지대' 가 있다. 이전 것의 종결, 중간지대, 새로운 시작, 이 세 가지 과정이 전환이다." < 16쪽 >

이 책은 '월스트리트 저널'이 선정한 미국에서 가장 영향력 있는 컨설턴트 10인 중 한 명이 쓴 책이다. 이 책의 저자는 우리에게 스스로 변화의 방법을 선택해야 하며, 그 과정에서 변화와 전환은 뚜렷한 차이점이 있다고 말한다.

변화는 상황을 바꾸는 것이며 상황이 바뀌는 것이라고 한다면, 전환은 원래 있었던 일들을 진전시키고 그 결과를 경험하는 일이기 때문에, 이전 것의 종결, 중간지대, 새로운 시작이라는 세 가지 과정이라고 한다. 그래서 전환은 변화에 이르렀다는 것을 의미하며, 전환이 없다면 변화란 기계적이고 피상적이고 공허한 것에 불과할 수 있다고 한다.

변화는 언제라도 일어날 수 있다. 하지만 전환은 인생이라는 무대에서 하나의 막이 끝날 때에 비로소 일어날 수 있다. 그런 점에서 전환이란 이전 생활과의 종결에서 시작 되어 중간의 혼란스러운 상황을 겪은 후 새로운 시작을 통해 완성된다고 할 수 있는 것이다.

폴 발레리가 한 이 말처럼 말이다.

“ 모든 시작은 하나의 결말이다. 모든 시작은 어떤 것으로 귀결된다.”

T.S. 엘리엇의 이 말도 같은 의미일 것이다.

“ 끝을 맺는 것은 시작하는 것과 같다. 끝나는 곳에서 우리는 시작한다.”

이 책을 통해 우리의 삶을 한마디로 표현하자면, 우리의 인생은 전환의 연속인 셈이다. 그리고 우리가 어떤 전환을 하느냐에 따라, 그리고 전환에 어떻게 성공하느냐에 따라 우리의 인생의 모든 것이 결정된다고 볼 수 있다. 그렇기 때문에 우리의 삶을 만들어 나가고 우리의 삶의 수준을 형성하는 것은 변화가 아니라 변화를 어떻게 선택할 것인지에 대한 전환의 과정인 것이다.

이 책의 저자는 우리가 아무리 최고의 삶의 기술을 갖는다 해도 그것은 공허하고 기계적인 접근일 뿐이라고 말한다. 삶이란 기술에 의해 좌지우지 되는 그러한 성질의 것이 아니며, 어떤 기술적인 부분도 삶에 더해지거나 '삶' 그 자체를 가져다주지 않는다고 한다. 공허하고 기계적인 피상적인 삶이 아니라 진실된 삶을 살아가기 위해서는 스스로 전환의 방법을 택하는 것이 필요하다고 말한다.

" 삶의 길은 구불구불한 길을 가는 여행이다. 프랜시스 베이컨은 " 멋진 곳을 오르려면 구불구불한 계단을 올라야 한다. "라고 말했다. 원인과 결과, 입력과 출력, 힘과 충격 등 기계적인 세상은 평평한 표면에 곧은 직선으로 '가장 가까운 거리' 를 만들어 낸다. 하지만 삶은 물고기 꼬리처럼 굽이치며 구불구불한 길을 지나간다. 진실 되게 살아가기를 원한다면 스스로 전환의 방법을 택해야 한다." < 134쪽 >

하지만 우리는 상황이 변했음에도 이전의 삶

중에서 포기해야 하는 어떤 부분을 놓아버리지 않기 때문에 스스로 전환을 거부하게 된다. 그 결과 온전한 전환을 할 수 없게 된다. 온전한 전환을 할 수 없게 된다는 것은 새로운 시작을 해 보지도 않은 채 어정쩡하게 살아간다는 것이다. 그러한 삶이 온전한 삶이 될 수 없다는 것은 너무나 당연한 것이다.

손에 무엇인가를 움켜쥐고 있는 한 우리는 다른 것을 동시에 움켜 쥘 수 없다. 새롭고 더 중요하고 더 의미 있는 것을 움켜쥐기 위해서는 그 이전의 것을 포기할 줄 알아야 한다. 전환도 이와 마찬가지이다. 이전의 삶의 방식, 생각, 스타일, 습관, 관계를 포기할 줄 알아야 새로운 삶과 꿈과 희망과 믿음을 시작할 수 있다.

이런 점에서 전환은 우리를 새롭게 시작하게 하고, 새롭게 태어나게 하며, 과거의 오래된 현실에서 벗어나게 하는 것이며, 항상 무엇인가를 놓아버림으로써 새로운 무엇인가를 경험하고 얻게 해 주는 것이다. 재미있는 사실은 성공을 위해 꼭 필요하다고 생각했던 것들 중에 삶을 제대로 살아 나가기 위해서는 반드시 버리고 가야 할 것들로 바뀌는 경우가 매우 많다는 사실이었다.

과거의 화려했던 직장 경력, 직장에서 잘 나가던 때의 성취감, 직장을 통해 얻게 된 인간관계 등은 모두 인생 제2막을 위해서는 버리고 가야 할 것들이다. 계속 이것을 움켜쥐고 있는 사람은 제2의 인생을 제대로 시작하지 못하는 이유가 바로 이것이다.

위대한 역사학자 아놀드 J. 토인비는 위대한 문명의 발상 역시 도전과 응전의 결과라고 말한 적이 있다. 이것은 문명의 발상뿐만 아니라 우리의 삶에도 그대로 적용된다. 도전의 가장 큰 의미는 강요가 아닌 스스로 해 나간다는 것이며, 삶이 우리에게 보여주는 도전의 환경에 따라 우리는 응전해야 한다는 것이다.

삶에 지쳤다는 것은 우리가 새로운 무엇인가

로 다시 태어나야 할 전환점에 와 있다는 것을 의미하는 것인지도 모른다. 그리고 그것은 지금까지 이루어놓은 것이나 너무나 익숙해진 것 중에 많은 것들을 놓아버려야 한다는 것을 의미할지도 모른다. 이 책의 저자는 이러한 순간이 왔을 때 새로운 시작을 만들 수도 있는 기회를 잡고, 스스로 변화의 방법을 택하라고 조언한다.

" 전환은 우리를 새롭게 태어나게 한다. 그것은 마치 오래된 현실이 무너지면서 삶의 형식 속에 갇혀 있던 에너지를 방출하게 하여 순수한 본래의 상태로 전환하게 하는 것이다. 이는 새롭게 태어나도록 해주는 에너지를 되찾는 것이고, 오래된 통과의례처럼 상징적인 경험을 통해 다시 태어나는 것을 가능하게 한다.

새롭게 태어난다는 것이 휴식을 취하거나 배경을 바꾸는 것, 삶에 어떤 새로운 것을 더하는 것이 아니라, 결과가 무엇이든 간에 아무나 모든 것을 차지할 수 있고 모든 것이 가능해졌을 때 혼돈의 임시 상태에 들어가는 것을 의미한다.

그때 우리는 새로운 정체성, 새로운 목적의 인식, 삶의 에너지의 새로운 저장고와 함께 실제로 죽었다가 다시 태어나는 과정에서 나온다. “ < 73 쪽 ~ 74쪽 >

괴테는 ‘누구나 훌륭한 인물이 되길 원한다. 그러면서도 성장의 수고는 하려 들지 않는다’는 말을 남긴 적이 있다. 이 말은 우리 모두는 어제와 다른 새로운 삶을 살고 싶어 하면서도 어제의 것을 버리려고 하지 않기 때문에 스스로 전환을 거부하고 있는 모습과 비슷하다는 느낌이 든다. 이 세상에 공짜 점심은 없다. 훌륭한 인물이 되기 위해서는 성장의 수고를 해야 하고, 새로운 인생을 살기 위해서는 이전의 삶을 놓아버리고 포기해야 한다. 항상 얻게 되는 것이 무엇이든 간에 가질 수 있는 만큼 먼저 놓아버리는 것이 선행되어야 하는 것이다.

인생을 살면서 우리가 겪게 되는 가장 심오한 전환을 한 이 책의 저자는 우리들에게 참 된 전환의 방법을 제시해 준다. 피상적이고 기계적인 변화에서 내면에서부터 시작되어 삶을 진정으로 변화시켜 주는 전환으로 나아갈 수 있는 방법을 제시해 준다. 탁상공론에 치우치는 이론이 아니라 실제로 자신의 삶을 토대로 쓴 책이기에 이 책은 저자의 고백처럼 자신이 쓴 책 중에서 가장 어려운 책이면서 동시에 가장 심오한 책이다. 삶의 갈림길에 서 있는 당신에게 이 책을 추천해 주고 싶은 이유가 바로 이것이다.

'행복한 사람은 자신이 우주를 구성하고 있는 한 성원임을 자각하고 우주가 베푸는 아름다운 광경과 기쁨을 누린다. 행복한 사람은 자신의 뒤를 이어 태어나는 사람들과 동떨어진 존재가 아니라고 생각하기 때문에 죽음을 생각할 때도 괴로워하지 않는다. 마음속 깊은 곳의 본능을 좇아서 강물처럼 흘러가는 삶에 충분히 몸을 맡길 때, 우리는 가장 큰 행복을 발견할 수 있다.' - 버트런드 러셀 -

에필로그 _ 책은 삶의 특권이며 최고의 사치이며 향락이다.

' 인생을 바꾸는 것은 재능이 아니라 독서이다. '

빌 게이츠, 워렌 버핏, 오프라 윈프리, 스티브 잡스, 손 정의, 조지 소로스, 마오쩌둥, 존 스튜어트 밀, 세종 대왕, 나폴레옹 의 공통점은 독서가 그들의 삶을 도약시켜 놓았다는 것이다.

이들은 모두 남들보다 훨씬 더 많은 독서를 한

사람들이다. 그리고 그 결과 평범한 사람들보다 훨씬 더 많은 업적을 달성해 낸 사람들이다.

모든 성공은 자기 자신에게서 비롯된다. 그리고 그 자신은 자기가 읽은 것에 의해서 완성된다. 결국 모든 성공은 자신이 읽은 것을 통해 비롯되는 것이다.

독서를 한다는 것은 삶의 특권이다.

독서만큼 경제적인 것은 없기 때문이다. 독서만큼 쉽고 편하면서 최대의 효과를 가져다주는 것은 없기 때문이다. 독서만큼 우리에게 많은 생각의 재료를 주는 것은 없다. 독서만큼 우리의 삶을 풍요롭게 해 주고 윤택하게 해 주는 것은 없기 때문이다. 독서만큼 우리 자신을 도약하게 해 주는 것도 이 세상에는 없기 때문이다. 독서만큼 이 세상을 통찰할 수 있는 안목을 제공해 주는 것도 없기 때문이다. 독서만큼 우리에게 기쁨과 위안을 주는 것은 없기 때문이다.

누군가 만들어놓은 길을 가는 것은 쉽다. 하지만 그 길은 망하는 길이다. 아무도 만들어 놓지 않은 새로운 길을 우리는 가야 한다. 하지만 그 길은 매우 힘들고 어렵다. 그래서 독서가 필요한 것이다. 많은 책을 통해 우리는 의식과 사고를 도약시켜야 하고, 그 결과 자신만의 새로운 길을 개척할 수 있다. 그리고 그 길은 성공하고 번영하는 길이 되는 것이다.

우리를 최고의 자리로 이끄는 것은 무조건 열심히 일하는 것이 아니다. 우리를 최고의 자리로 이끄는 것을 자신에게 가장 맞는 올바른 일을 선택하고, 그 일을 가장 현명하고 효율적으로 하는 것에서 비롯된다. 이러한 올바른 일과 올바른 방법을 발견하고 찾아내기 위해서 우리에게 필요한 것은 바로 독서이다. 독서를 통해 우리를 찾을 수 있고, 세상을 내다볼 수 있게 되기 때문이다.

독서를 한다는 것은 최고의 사치이며, 향락이다.

이 세상에서 독서만큼 우리에게 중독을 일으키는 것도 없다. 독서의 맛을 제대로 경험한 사람들은 자신의 아내를 팔아서 책을 사고, 자신의 집을 팔아서 책을 산다. 독서에 한 번 제대로 중독된 사람은 밥을 먹으면서도 책을 손에서 놓을 수 없고, 다니던 직장을 포기하고서라도 책을 읽어야만 한다. 독서에 중독된 사람들은 먹을 쌀이 없어도 돈이 생기기만 하면 밥을 사 먹는 것이 아니라 책을 산다. 이것이 바로 책의 중독성이다.

책이 이렇게 중독성이 강한 이유는 무엇일까? 그것은 바로 책은 최고의 사치이며 향락이기 때문이다. 과거에는 책을 읽을 수 있었던 신분은 왕이나 귀족이나 선비였다. 이들은 모두 선택받고 축복받은 계층이었다. 과거 한 때에는 책을 읽는 것이 금지되었고, 몇몇 특권을 부여 받은 사람만이 책을 읽을 수 있기도 했다.

많은 사람이 독서를 하지 않는 이유는 독서의

맛을 제대로 경험해 보지 못했기 때문이다. 하지만 어떤 사람이라도 독서의 맛을 제대로 한 번이라도 경험하게 되면, 그다음부터는 절대 독서의 중독에서 빠져나올 수가 없게 된다. 결국 평생 독서를 하는 삶을 살아가야 하게 되는 것이다.

필자가 백수와 전업 남편에서 작가가 될 수 있었던 것은 엄청난 양의 독서를 집중적으로 했기 때문이다. 즉 필자의 모든 경쟁력의 대부분은 3년 동안 독서에 집중적으로 투자한 노력의 결과물이라고 할 수 있다. 그래서 필자는 독서의 위력에 대해서 거의 신앙에 가까운 확신을 갖고 있다. 필자에게 새로운 인생을 열어 준 것은 다름 아닌 독서였다. 독서를 하지 않았다면 필자는 지금도 백수였을 것이고, 전업 남편으로 집안일에 매여 사는 남자였을 것이다.

독서는 삶의 최고의 특권이며, 우리가 누릴 수 있는 향락이며, 최고의 사치라고 말하는 이유가 바로 이것이다.

인생에 지쳐 길을 잃고 방황할 때 우리가 할 수 있는 최고의 선택은 또한 독서이다. 책 속에 우리의 길이 있고, 우리의 힘이 있고, 우리의 미래가 있고, 우리의 사유가 있다. 인생을 살다 보면 결정적인 순간을 맞이하게 된다. 바로 그 때 우리가 상황에 잘 들어맞는 책을 읽을 수 있다면 그것보다 더 유익한 것도 이 세상에 없을 것이다.

이 책이 많은 사람에게 유익한 지침서가 되어주는 이유 중 하나는 독서하는 방법을 제대로 알고 있는 사람들이 그렇게 많지 않다는 것이다. 평생 책을 읽었고, 심지어 책을 쓴 위대한 작가이기도 한 괴테는 이런 의미심장한 말을 남긴 적이 있다.

" 나는 독서하는 방법을 배우기 위해서 80년이라는 세월을 바쳤는데도 아직까지 그것을 다 배웠다고 말할 수 없다."

이처럼 독서라는 것은 우리가 생각하는 것만큼 저절로 되는 것이 아니다. 특히 좋은 책은 선택하는 방법을 배우는 것은 더더욱 어려운 기술이라고 할 수 있다. 그런 점에서 이 책은 매우 유익한 책이 될 것이다.

이 책을 통해 우리는 삶의 결정적 순간을 최고의 순간으로 만들 수 있다. 이것이 이 책의 가장 큰 유익함이다. 이 책을 통해 눈부신 미래를 펼쳐 나가기를 기원한다.

판권

초판 인쇄: 2025년 12월 20일
초판 발행: 2025년 12월 20일

펴낸이: 김병완
펴낸곳: (주) 플랫폼연구소

출판등록: 제 2020-000075호

이메일: pflab2020@naver.com

주소:서울시 강남구 삼성동 116 백우빌딩 402호

ISBN 979-11-24195-37-6(03190)